Das Ultimative
Gepardenbuch
für Kids

100+ unglaubliche Fakten über
Geparden, Fotos, Quiz und mehr

Jenny Kellett

MELBOURNE · SOFIA · BERLIN

Copyright © 2022 by Jenny Kellett

Geparden: Das Ultimative Gepardenbuch für Kids
www.bellanovabooks.com
Sofia, Bulgaria

ISBN: 978-619-7695-26-7
HARDCOVER
Bellanova Books

Alle Rechte vorbehalten. Kein Teil dieses Buches darf ohne schriftliche Genehmigung des Autors in irgendeiner Form elektronisch oder mechanisch vervielfältigt werden, auch nicht durch Fotokopieren, Aufzeichnen oder Speichern und Abrufen von Informationen.

Inhalt

Einführung 4
Geparden: Die Grundlagen 6
Eigenschaften der Geparden 12
Geparden: Ihr tägliches Leben 26
Geparden Unterarten 43
    Südostafrikanischer 44
    Asiatischer 48
    Nordostafrikanischer 52
    Nordwestafrikanischer 56
    Königsgepard 58
Geburt bis Erwachsenenalter 60
Geparden & Menschen 76
Geparden-Schutz 84
Geparden-Quiz 88
    Antworten 92
Geparden Wortsuche 94
Quellen 97

Einführung

Sein wunderschönes geflecktes Fell und seine blitzschnelle Geschwindigkeit machen den Geparden zu einer der beliebtesten Großkatzen der Welt. Geparden sind jedoch nicht nur große, schnelle Katzen - sie sind eine faszinierende und bemerkenswerte Spezies. In diesem Buch erfährst du alles über die verschiedenen Gepardenarten, was sie einzigartig macht und welche Probleme sie haben. Dann teste dein Wissen in unserem Geparden-Quiz!

Bist du bereit? *Los geht's!*

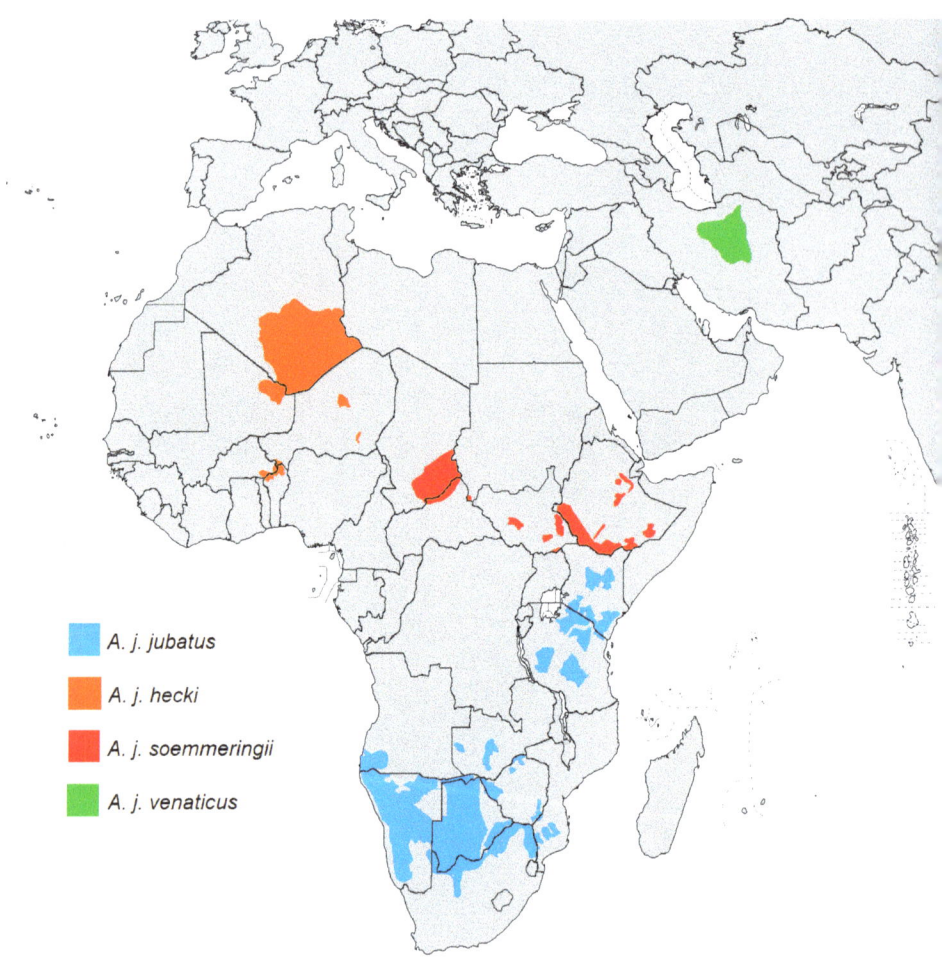

Das Verbreitungsgebiet der Geparden, aufgeschlüsselt nach Unterarten.

Urheber: Mario Massone

Geparden: Die Grundlagen

Was sind Geparden und wo wohnen sie?

Geparden sind große Katzen, die in 29 afrikanischen Ländern leben und eine kleine Population im Zentraliran haben. Im 19. Jahrhundert lebten Geparden in 38 afrikanischen Ländern und in weiten Teilen des Nahen Ostens und Zentralindiens, aber leider nimmt ihre Zahl ab.

Die engsten Verwandten des Geparden sind der Puma und der Jaguarundi (auch Wieselkatze genannt). Diese drei Arten gehören zur Familie der Pumas.

Der wissenschaftliche Name des Geparden ist *Acinonyx jubatus*.

Geparden sind nicht allzu wählerisch, was ihren Lebensraum angeht, und kommen in vielen verschiedenen Lebensräumen vor, darunter Savannen, Gebirge und Wüsten. In Gefangenschaft können sie sogar in sehr kalten Ländern ein glückliches Leben führen. Idealerweise suchen sie nach Gebieten mit wenigen Raubtieren, viel Beute und guter Sicht. Sie mögen offene Flächen, weil sie dort leichter ihre Beute jagen können.

DAS ULTIMATIVE GEPARDENBUCH

Eine aktuelle Schätzung zeigt, dass etwa 7.100 Geparden in freier Wildbahn leben. Bedauerlicherweise sind das weniger als 10 Prozent der Bevölkerung von 1900. Geparden sind heute in Asien ausgestorben, mit Ausnahme von etwa 12 Tieren im Zentraliran.

Geparden sind auf der Roten Liste der IUCN (Internationale Union zur Bewahrung der Natur) als **gefährdet** aufgeführt. Das bedeutet, dass sie vom Aussterben bedroht sind.

Das Wort "Gepard" kommt von dem Sanskrit-Wort चित्रय (Chitra-ya), das "bunt", "verziert" oder "bemalt" bedeutet.

Das Suaheli-Wort für Gepard ist "Duma".

Geparden waren früher als "Jagdleoparden" bekannt, da sie oft von Jägern eingesetzt wurden.

Es gibt kein spezielles Wort für männliche und weibliche Geparden; sie sind nur männliche und weibliche Geparden!

Der Internationale Gepardentag wird jedes Jahr am 4. Dezember gefeiert. An diesem Tag machen Gepardenliebhaber auf der ganzen Welt auf die Probleme der Geparden aufmerksam. Wie wirst du feiern?

DAS ULTIMATIVE GEPARDENBUCH

Eigenschaften der Geparden

Größe, besondere Merkmale und mehr.

Die Hauptmerkmale von Geparden, die sie von anderen Großkatzen unterscheiden, sind ihre kleinen Köpfe, kurzen Schnauzen, schwarzen Tränenlinien auf ihren Gesichtern und langen, dünnen Körpern, die ihnen helfen, ihre berühmte Geschwindigkeit zu erreichen.

Geparden sind die schnellsten Landsäugetiere der Erde. Sie können Geschwindigkeiten von bis zu 120 km/h erreichen und in 3,5 Sekunden auf 100 km/h beschleunigen!

Ein südostafrikanischer Gepard rennt in Namibia.

Leoparden und Geparden werden oft verwechselt, aber es ist ganz einfach, sie zu unterscheiden, wenn du weißt, wo du hinschauen musst! Leoparden haben zum Beispiel keine Flecken, sondern Rosetten, und sie haben keine Tränenlinien wie Geparden. Geparden sind auch etwas größer als Leoparden.

Geparden sind die einzigen Katzen, die sich auf die Fernjagd spezialisiert haben. Die meisten Katzen jagen, indem sie sich auf ihre Beute stürzen und nur kurze Strecken laufen.

Geparden jagen normalerweise weniger als eine Minute lang über 200-300 m.

DAS ULTIMATIVE GEPARDENBUCH

Weil sie beim Laufen so viel Energie verbrauchen, benötigen sie auch viel Ruhe. Eine Studie hat ergeben, dass Geparden nur etwa 12 Prozent ihres Tages in Bewegung sind!

Die meisten Geparden haben etwa 2.000 Flecken auf ihrem Fell, die jeweils etwa 3-5 cm groß sind.

Kein Gepard ist wie der andere! Wie einen menschlichen Fingerabdruck kannst du Geparden anhand ihrer Fellmuster unterscheiden.

Der Körper des Geparden ist darauf ausgelegt, schnell zu sein - er hat lange Vorderbeine, die ihm einen längeren Schritt ermöglichen als den meisten anderen Katzen. Außerdem sind die Knochen in ihren Unterschenkeln und Füßen sehr dünn und leicht, und ihre Wirbelsäule ist die längste und flexibelste aller Katzen.

Erwachsene Geparden haben runde Pupillen mit einer orange-gelben Iris. Ihre Augen sind weit oben auf ihren Köpfen, was ihnen hilft, über hohes Gras hinweg zu schauen.

Geparden haben große Nasenlöcher, die ihnen helfen, viel Sauerstoff aufzunehmen, wenn sie mit hoher Geschwindigkeit laufen.

Geparden haben dünnere und weniger Schnurrhaare als anderen Katzenarten.

Geparden haben einen ziemlich rundlichen Kopf mit kleinen Ohren, die weit auseinander stehen. Hinter den Ohren haben Geparden ein schwarzes Fell mit weißen Markierungen.

Die schwarzen Linien, die vom inneren Augenwinkel des Geparden über sein Gesicht verlaufen, werden "Tränenlinien" genannt. Sie variieren je nach Unterart in Größe und Farbe.

Es ist nicht bekannt, welchem Zweck die Tränenlinien dienen. Einige Wissenschaftler glauben jedoch, dass sie Geparden vor dem grellen Sonnenlicht schützen - vor allem, weil sie normalerweise tagsüber jagen.

Geparden haben sehr lange und muskulöse Schwänze mit buschigen Büscheln am Ende, entweder schwarz oder weiß. Die ersten zwei Drittel des Schwanzes sind gefleckt, der Rest ist gestreift.

Wenn ein Gepard läuft, sind mehr als die Hälfte der Zeit alle seine Pfoten in der Luft.

Die Krallen eines Geparden sind beim Laufen immer vollständig ausgefahren, damit sie den Boden festhalten können - ähnlich wie die Spikes in den Schuhen eines Sprinters. Auch die Ballen an ihren Füßen haben Rillen, die ihnen Halt und Traktion geben.

Der Schwanz des Geparden ist sehr lang und muskulös, was ihm bei schnellen Richtungswechseln während der Jagd hilft, das Gleichgewicht zu halten.

Geparden haben 30 Zähne. Ihre Eckzähne sind kurz und flach, was ihnen hilft, ihre Beute zu ersticken.

Geparden-Pfoten. Beachte ihre stumpfen Krallen, die ihnen helfen, schneller zu laufen, da sie nicht im Boden stecken bleiben.

Urheberrechte © Marko Kudjerski

In freier Wildbahn werden Geparden, die es bis zum Erwachsenenalter schaffen, etwa sieben Jahre alt. In Gefangenschaft können sie 8-12 Jahre alt werden. Im Allgemeinen leben weibliche Geparden länger als männliche.

Geparden sind die einzige Katzenart, die halb einziehbare Krallen ohne Schutzhüllen hat.

Obwohl Geparden je nach Art in Größe und Gewicht variieren, erreichen sie normalerweise eine Schulterhöhe von 67 bis 94 cm und wiegen zwischen 21 und 72 kg.

Männliche Geparden haben Mähnen. Allerdings ist sie nicht so auffällig wie zum Beispiel die der Löwen. Ihre Mähne ist normalerweise etwa 8 cm lang und das Fell ist ziemlich rau.

Geparden: Ihr tägliches Leben

Was machen Geparden den ganzen Tag?!

Geparden leben in drei Arten von sozialen Gruppen: Weibchen und ihre Jungen, Gruppen nur mit Männchen, die "**Koalitionen**" genannt werden, und alleinstehende Männchen. Sie sind nicht die geselligsten Katzen. In der Regel versuchen sie, einander zu meiden, aber sie sind freundlich genug, wenn sie mit einem anderen Geparden in Kontakt kommen - es sei denn, es ist Paarungszeit.

Eine Koalition von Geparden jagen.

Weiblicher Gepard mit seinem Jungen.

Koalitionen bestehen normalerweise aus zwei bis vier männlichen Geparden, oft Geschwister aus demselben Wurf. Jede Koalition hat ein dominantes Männchen.

Weibliche Geparden sind am wenigsten gesellig und neigen dazu, für sich oder mit ihren Jungen zu bleiben, außer bei der Paarung.

Weibliche Geparden sind nicht territorial. Das Gebiet, in dem sie leben, nennt man **Revier** - das kann sich problemlos mit dem eines anderen Weibchens überschneiden. Wenn sie also auf ein anderes Weibchen treffen, lehnen sie sie normalerweise einfach ab und gehen weg.

Ein männlicher südostafrikanischer Gepard markierte sein Revier.

Urheberrechte © Joachim Huber.

Die Männchen hingegen beginnen im Alter von etwa vier Jahren, ein Territorium zu besetzen und zu verteidigen. Sie wählen ihr Revier in der Regel danach aus, wo es wahrscheinlich viele Weibchen gibt.

Forscher haben festgestellt, dass die Jungen von verschiedenen Weibchen manchmal verwechselt werden können. Zum Glück scheint das ihre neuen Adoptivmütter nicht zu stören!

Um ihr Revier zu markieren, urinieren männliche Geparden an Bäume und Termitenhügel, um andere Geparden zu warnen.

Abendessen fangen: Auf Geparden-Art

Wenn ein Gepard eine potenzielle Mahlzeit sieht, hat er fünf verschiedene Methoden, um seine Beute zu fangen:

- Sie **gehen langsam** auf ihre Beute zu und starten dann einen Sprint, wenn sie sich auf 60-70 m angenähert haben.
- Sie **sitzen** in einer geduckten Position und **warten**, dass sich Beute nähert, bevor sie angreifen.
- Wenn ihre Beute abgelenkt ist, können sie sie aus einer Entfernung von bis zu 600 m **jagen**.
- Sie **verfolgen** ihre Beute in geduckter Haltung und halten gelegentlich inne, bis sie nahe genug sind, um anzugreifen.
- Sie **scheuchen** ihre Beute aus ihrem Versteck auf und jagen sie dann mit einer schnellen Verfolgungsjagd.

Ein südostafrikanischer Gepard mit seiner Beute.

Sobald sie ihre Beute eingeholt haben, stolpern sie darüber und beißen ihr in die Kehle, bis sie erstickt, oder zertrümmern ihr den Schädel, wenn es sich um ein kleineres Tier handelt. Dann ziehen sie ihre Beute in Deckung, um sie zu fressen.

Ein Gepard, der sich putzt.

Männliche Geparden, die nicht Teil einer Koalition sind, streifen in der Regel über viel größere Gebiete, vermeiden männliche Territorien und suchen nach Nahrung und Weibchen.

Geparden sind vor allem tagsüber aktiv, um Konkurrenz durch andere Raubtiere wie Leoparden und Löwen zu vermeiden, die nachts jagen. Wenn ein Gepard jedoch in einem Gebiet lebt, in dem es wenig Konkurrenz um Nahrung gibt, oder wenn er in der glühend heißen Sahara-Wüste lebt, ist er oft nachts aktiver.

Geparden schlafen normalerweise in Gruppen. Es gibt jedoch immer einen Gepard, der nach Raubtieren Ausschau hält.

Geparden sind hauptsächlich tagsüber aktiv und haben zwei Jagdzeiten, in der Regel zwischen 7 und 10 Uhr morgens und zwischen 16 und 19 Uhr nachmittags. Danach schlafen sie normalerweise den Rest des Tages.

Geparden trinken jeden Tag Wasser, wenn es verfügbar ist. In einigen Teilen Afrikas haben sie jedoch nicht immer Zugang zu Wasser, sodass sie sich von dem Wasser ihrer Nahrung (ihr Blut) ernähren müssen.

Aufgrund ihrer geringen Größe und ihres Körperbaus können sich Geparden nicht gegen größere Raubtiere wie Löwen verteidigen. Wenn ein Löwe versucht, die Beute eines Geparden zu stehlen, wird der Gepard sie daher normalerweise einfach zurücklassen, anstatt darum zu kämpfen.

Geparden fressen ihre Nahrung sehr schnell, damit sie nicht von anderen Raubtieren gestohlen wird. Sie können bis zu 14 kg auf einmal fressen, wenn sie müssen!

Geparden sind **Fleischfresser**, das heißt, sie fressen nur Fleisch. Ihre bevorzugte Nahrung sind kleine bis mittelgroße Beutetiere wie Impalas, Springböcke und Gazellen. Sie fressen auch kleinere Tiere wie Ratten, Hasen und Perlhühner, wenn sie nichts Größeres finden können. Oft versuchen Geparden in Koalitionen, größere Beute als Einzelgänger zu fangen, wie z. B. Gnus.

Ein Gepard beim Trinken im Schönbrunner Zoo in Wien, Österreich.

Gepardengespräche

Es gibt viele Laute, die Geparden verwenden, um miteinander zu kommunizieren. Dazu gehören Bellen, Fiepen, Jaulen, Brummen und Knurren. Schauen wir uns an, was sie bedeuten.

- **Das Bellen** ist ein hoher, bellender Ton. Erwachsene Geparden benutzen diesen Laut, um sich gegenseitig zu finden, wenn sie getrennt werden. Die Weibchen benutzen diesen Laut auch, wenn sie nach ihren Jungen suchen.
- **Das Fiepen** klingt wie das Zwitschern eines Vogels und wird von Jungtieren benutzt, wenn sie sich verlaufen haben oder gestresst sind.

- **Das Jaulen** benutzen erwachsene Geparden, wenn sie Angst haben.
- **Knurren, Fauchen** und **Spucken** werden von Geparden eingesetzt, wenn sie verärgert, verängstigt oder in einer gefährlichen Situation sind.
- Geparden können auch **schnurren**. Es klingt ähnlich wie das Schnurren einer Hauskatze, nur viel lauter!

Geparden: Unterarten

Es gibt vier **Unterarten** von Geparden. Jede Unterart lebt in einem anderen Gebiet und hat sich in einzigartiger Weise an ihre Umgebung angepasst.

Schauen wir uns kurz die Unterschiede an und versuchen wir dann, die Gepardenarten in diesem Buch zu bestimmen!

Südostafrikanischer Gepard

Acinonyx jubatus jubatus

Der südostafrikanische Gepard, der auch als **namibischer Gepard** bekannt ist, ist die häufigste Unterart des Geparden. Bis 2017 wurde diese Unterart in zwei Arten unterteilt: die östlichen und den südlichen Geparden, aber jetzt sind sich Wissenschaftler einig, dass sie sich so ähnlich sind, dass es sich um dieselbe Unterart handeln sollte.

Sie ist im östlichen und südlichen Afrika, in Angola, Kenia, Botswana, Mosambik, Namibia, Südafrika und Sambia beheimatet.

Du kannst südostafrikanische Geparden in verschiedenen Lebensräumen finden, z. B. im Tiefland und in den Wüsten der Kalahari-Wüste, im Farmland in Namibia und in den Sumpfsavannen des Okavango-Deltas in Botswana.

Die Flecken des südostafrikanischen Geparden sind dichter als bei anderen Unterarten - und sie haben mehr Flecken im Gesicht. Achte auch auf ihre ausgeprägten braunen Schnurrbärte und das sehr weiße Fell auf ihrem Bauch.

Obwohl sie die am weitesten verbreiteten Geparden sind, sind südostafrikanische Geparden immer noch vielen Gefahren durch menschliche Aktivitäten ausgesetzt. In Malawi, Lesotho und der Demokratischen Republik Kongo sind sie bereits ausgestorben.

Asiatischer Gepard

Acinonyx jubatus venaticus

Der asiatische Gepard ist eine stark bedrohte Unterart, die im Zentraliran lebt. Es ist die einzige Unterart des Geparden, die noch in Asien lebt. Leider wird davon ausgegangen, dass im Jahr 2022 nur noch 12 Tiere in freier Wildbahn leben - neun Männchen und drei Weibchen.

Da ihre Zukunft so unsicher ist, leben sie in abgelegenen Schutzgebieten mit wenig menschlicher Aktivität. Bei der Fußballweltmeisterschaft 2014 trug die iranische Fußballnationalmannschaft

Asiatischer Gepard im Iran. *Urheberrechte © Tehran Times.*

Bilder des asiatischen Geparden auf ihren Trikots, um auf ihren Schutz aufmerksam zu machen.

Der asiatische Gepard zeichnet sich durch seine Mähne und sein Fell aus, die kürzer sind als bei der afrikanischen Unterart.

DAS ULTIMATIVE GEPARDENBUCH

Urheberrechte © AP Photo/Vahid Salemi

Sein Fell ist gelbbraun bis hellbraun, an den Seiten, unter dem Auge, an den Innenseiten der Beine und an der Vorderseite der Schnauze ist es blasser.

Asiatische Geparden haben fast gerade Linien aus kleinen schwarzen Flecken auf dem Kopf und am Hals, während der Rest des Körpers unregelmäßig angeordnete Flecken aufweist und die Schwanzspitzen schwarze Streifen haben.

Nordostafrikanischer Gepard

Acinonyx jubatus soemmeringii

Der Nordostafrikanische Gepard, der auch als sudan- oder zentralafrikanischer Gepard bekannt ist, lebt im Südsudan und in Äthiopien. Er lebt in spärlichen Populationen in offenen Lebensräumen wie Grasland und Savannen. Es gibt schätzungsweise noch 950 Tiere in freier Wildbahn.

Wie der südostafrikanische Gepard ist auch der Sudan-Gepard ziemlich groß und hat ein dicht geflecktes Fell. Im Vergleich zu anderen afrikanischen Geparden ist sein Fell dicker und gröber, und sein Bauchfell ist am dunkelsten - manchmal mit einigen schwarzen Flecken.

Nordostafrikanische Gepard.

Urheberrechte © William Warby

Sie haben den größten Kopf aller Geparden und keine Schnurrbartmarkierung wie ihre südlichen Nachbarn.

Die meisten nordostafrikanischen Geparden haben keine Flecken an den Hinterfüßen, was einer der besten Wege ist, sie von den südostafrikanischen Geparden zu unterscheiden. Du wirst auch deutliche weiße Flecken um die Augen herum bemerken. Außerdem haben sie dicke Schwänze, deren Spitzen entweder schwarz oder weiß sein können.

Wenn sie in kalten Ländern in Gefangenschaft gehalten werden, entwickeln nordostafrikanische Geparden im Gegensatz zu allen anderen afrikanischen Gepardenarten ein flauschiges Winterfell.

Nordwestafrikanischer Gepard

Acinonyx jubatus hecki

Der nordwestafrikanische Gepard ist eine vom **Aussterben bedrohte** Unterart, die in kleinen Populationen in Algerien, Benin, Burkina Faso, Mali und Niger lebt. In freier Wildbahn gibt es weniger als 250 Exemplare.

Im Vergleich zu anderen Geparden ist der nordwestafrikanische Gepard sehr einzigartig. Er hat ein kurzes, fast weißes Fell mit Flecken, die von schwarz entlang der Wirbelsäule zu hellbraun an den Beinen übergehen. Sie haben nur sehr wenige Flecken im Gesicht und oft fehlen ihnen die Tränenspuren, die Geparden so unverwechselbar machen. Außerdem sind ihre Gesichter dünner und hundeähnlicher als bei anderen Arten.

Nordwestafrikanischer Gepard. *Urheberrechte* © Steve Wilson

Nordwestafrikanische Geparden sind kleiner als andere Arten. Sie haben sich an das Leben in der heißen Wüste der Sahara angepasst, wo Wasser sehr knapp ist. Im Gegensatz zu anderen Geparden sind sie meist nachtaktiv, um der Hitze des Tages zu entgehen. Außerdem müssen sie längere Strecken als andere Geparden zurücklegen, um Nahrung zu finden. Sie brauchen kein Wasser zu trinken, sondern ernähren sich vom Blut ihrer Beute.

Königsgepard

Der Königsgepard ist ein seltener Gepard, der im südlichen Afrika lebt. Obwohl es offiziell keine Unterart ist, ist er unglaublich schön und unverwechselbar.

Aufgrund einer genetischen Fellmutation hat er drei dicke schwarze Streifen entlang seines Rückens und große schwarze Flecken, was ihn sehr einzigartig macht.

Es wird angenommen, dass es nicht mehr als 10 in freier Wildbahn und etwa 50 in Gefangenschaft gibt.

Königsgepard. Siehst du die sehr einzigartigen Markierungen? *Urheberrechte © Olga Ernst*

Von der Geburt bis zum Erwachsenenalter

Baby-Geparden sind einige der Niedlichsten in der Tierwelt, lasst uns also mehr über ihr frühes Leben erfahren.

Gepardenbabys werden Jungtiere (engl./ Cubs) genannt.

Geparden haben drei Lebensphasen: Jungtier (Geburt bis 18 Monate), die Jugend (18-24 Monate) und das Erwachsenenalter (ab 24 Monaten).

Die Tragzeit (die Dauer der Schwangerschaft) beträgt bei Geparden etwa drei Monate (90-95 Tage). Sie vermehren sich das ganze Jahr über und haben normalerweise drei bis vier Junge – es können aber auch bis zu acht sein.

Wenn sie geboren werden, sind die Augen der Gepardenjungen geschlossen; sie öffnen sich nach vier bis 11 Tagen. Nach etwa zwei Wochen beginnen die Jungtiere zu laufen.

Gepardenjungen werden mit einem flauschigen Haarbüschel, ein Mohawk (oder Irokesen) ähnlicher **Mantel** geboren, der ihren Hals und Rücken bedeckt.

Wissenschaftler glauben, dass ihr Mantel ihnen hilft, sich vor Raubtieren zu tarnen. Im Alter von etwa drei Monaten verlieren sie ihren Mantel.

Jungtiere bekommen ihre Milchzähne, wenn sie zwischen 3 und 6 Monate alt sind. Diese werden im Alter von etwa acht Monaten durch die erwachsenen Zähne ersetzt.

Obwohl die Jungtiere mit ihren einzigartigen Flecken geboren werden, erscheint ihr Fell viel dunkler, da die Flecken alle zusammengedrückt sind. Wenn sie wachsen, breiten sich die Flecken aus und ihr Fell wird heller.

Seltenes Gepardenjunges im Nordwesten.
Urheberrechte © Steve Wilson

In freier Wildbahn geborene Gepardenjunge wiegen bei der Geburt 150-300 g, während in Gefangenschaft geborene Geparden normalerweise um die 500 g wiegen. Geparden in Gefangenschaft haben leichteren Zugang zu hochwertigem Futter, sodass sich die Mütter auf die Selbstversorgung konzentrieren können, anstatt zu jagen - das bedeutet, dass ihre Jungen größer sind.

Neugeborene Jungtiere spucken oft!

Jungtiere sind sehr verspielt, besonders wenn sie vier Monate alt sind. Sie lieben es, miteinander zu ringen, auf Bäume zu klettern und die Jagd auf kleine Tiere zu üben.

Gepardenjungen haben ein hartes Leben und nur wenige schaffen es bis zum Erwachsenenalter, da sie oft von Tieren wie Hyänen und Löwen gejagt werden. Ihre Mütter tun jedoch ihr Bestes, um sie zu beschützen. Sie halten ihre Jungen in den ersten zwei Monaten ihres Lebens gut versteckt in einer Höhle und füttern sie nur am frühen Morgen. Sie geht nie weit weg und bringt ihre Jungen alle fünf bis sechs Tage an einen neuen Ort.

Mit zwei Monaten kommen die Jungtiere aus ihrer Höhle und lernen das Leben eines erwachsenen Geparden kennen. Mit sechs Monaten lernen sie, wie man jagt und nach Raubtieren Ausschau hält, und können sogar selbst kleine Beutetiere wie Hasen fangen, aber sie gehen erst mit etwa 12 Monaten selbst auf die Jagd.

Die Überlebensrate der Jungtiere liegt zwischen 17 und 70 %. In Gebieten wie dem Serengeti-Nationalpark, wo es viele große Raubtiere gibt, ist die Überlebensrate sehr niedrig. Im namibischen Farmland hingegen, wo Geparden die hauptsächlichen Raubtiere sind, ist die Überlebensrate viel höher.

Junge weibliche Geparden bleiben oft lebenslang in der Nähe ihrer Mütter, während die Männchen alleine losziehen oder eine Koalition bilden. Koalitionen bestehen normalerweise aus Geschwistern. Weibliche Geparden können im Alter von 2-3 Jahren anfangen, Junge zu bekommen. Nach der Geburt können sie 17-20 Monate später erneut schwanger werden.

DAS ULTIMATIVE GEPARDENBUCH

Urheberrechte © Bernard Dupont.

Wenn sie etwa 20 Monate alt sind, sind die Jungtiere normalerweise sehr unabhängig. Sie erreichen ihre volle Größe im Alter von 49-96 Monaten.

Jungtiere trinken die Milch ihrer Mutter, bis sie etwa vier Monate alt sind, aber ihre Mütter führen sie nach zwei Monaten langsam an Fleisch heran.

Südostafrikanischer Gepard und ihr Junges.

Geparden & Menschen

Wir mögen sehr unterschiedlich sein, aber wir teilen alle denselben Planeten. Wie gut verstehen wir uns also?

Die frühesten bekannten menschlichen Zeichnungen von Geparden, die in Höhlen in Frankreich gefunden wurden, stammen aus der Zeit zwischen 32.000 und 26.000 Jahren vor Christus.

In der Vergangenheit wurden Geparden von den Reichen und Mächtigen als Haustiere gehalten - Pharaonen, Könige und Kaiser hielten Geparden als Zeichen von Reichtum und Status.

Geparden werden schon seit Tausenden von Jahren von Menschen gezähmt, aber sie wurden nie wie Katzen domestiziert (an den Menschen gewöhnt). Die alten Ägypter waren dafür bekannt, Geparden zu zähmen, obwohl sie vielleicht schon vorher gezähmt wurden.

Die alten Ägypter liebten Geparden. Sie glaubten, dass eine Katzengöttin namens Mafdet, die oft mit einem Gepardenkopf dargestellt wurde, dabei helfen würde, die Seele des Pharaos ins Jenseits zu transportieren.

DAS ULTIMATIVE GEPARDENBUCH

Urheberrechte © Bernard Dupont.

In den USA gibt es strenge Vorschriften für die Haltung von Geparden als Haustiere; in den Vereinigten Arabischen Emiraten ist es jedoch nicht ungewöhnlich, dass wohlhabende Menschen einen Gepard besitzen.

〰〰

Der erste Gepard, der in Gefangenschaft gehalten wurde, war 1829 in der Zoologischen Gesellschaft von London.

〰〰

Geparden sind die am wenigsten gefährlichen Großkatzen. Sie neigen dazu, vor Menschen wegzulaufen, anstatt sie anzugreifen, weil sie sie nicht als Beute sehen.

DAS ULTIMATIVE GEPARDENBUCH

Im siebten Jahrhundert nach Christus wurden Geparden, vom Adel im Nahen Osten, für die Jagd eingesetzt. Die Geparden hatten einen speziellen Sitz auf der Rückseite der Pferdesattel der Jäger.

Die Römer nannten Geparden *leopardos*, weil sie glaubten, dass sie eine Mischung aus Leopard und Löwe sind, weil sie ein flauschiges Fell besitzen, wenn sie Jungtiere sind.

Wenn du gerne liest und Englisch kannst, wirst du das Buch *How it Was With Dooms* lieben. Es ist eine wahre Geschichte über

Urheberrechte © Simon and Schuster.

eine kenianische Familie, die ein verwaistes Gepardenbaby namens Duma aufzog. Zwei Filme, *Cheetah* (1989) und *Duma* (2005), wurden von dem Buch inspiriert.

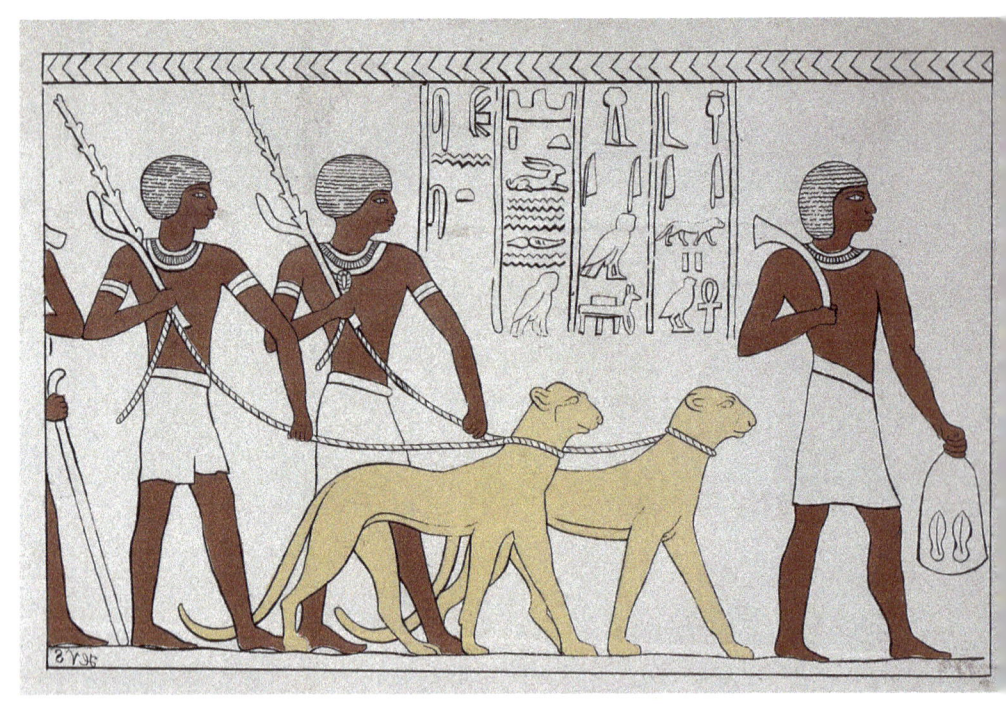

Eine Darstellung der alten Ägypter mit Geparden. *Urheberrechte © Wellcome Images.*

Zwei südafrikanische Rugby-Union-Teams, die Toyota Free State Cheetahs und die Cheetahs, haben einen laufenden Geparden als Emblem.

In der Zeichentrickserie Thundercats gibt es eine Figur namens Cheetara, ein weiblicher Gepard.

Einer der wohl berühmtesten Geparden der Welt ist *Chester Cheetah*, von den berühmten Cheeto Snacks! Er wurde 1985 zum Maskottchen der orangefarbenen Snacks.

Cheetah, eine fiktive Figur aus DC Comics, ist einer der größten Feinde von *Wonder Woman*.

Geparden-Schutz

Leider stehen die Geparden vor einer schwierigen und ungewissen Zukunft. Die Gepardenart als Ganzes gilt als gefährdet, während zwei Unterarten - der Nordwestafrikanische und der Asiatische - vom Aussterben bedroht sind.

Der Gepard steht vor vielen Herausforderungen, darunter Jagd, Raub, illegaler Haustierhandel, Klimawandel und Lebensraumverlust. Viele dieser Ursachen sind menschlich bedingt. Da ihre Zahl abnimmt, verteilen sich ihre Populationen immer weiter, wodurch es für Geparden schwieriger wird, einen Partner zu finden, was zu Inzucht führt. Inzucht macht die Geparden anfälliger für eine Reihe von Krankheiten.

Zum Glück gibt es Tausende von Gepardenliebhabern und Organisationen auf der ganzen Welt, die sich dem Schutz der Zukunft der Geparden verschrieben haben.

Naturschützer versuchen schon seit Hunderten von Jahren, Geparden in Gefangenschaft zu züchten, aber Geparden sind schwierig zu züchten. Seit 1971 hat das De Wildt Cheetah and Wildlife Centre in Südafrika jedoch mehr als 800 Gepardenjunge gezüchtet, darunter der Erste in Gefangenschaft gezüchteten Königsgeparden.

Wie kannst du helfen?

Geparden brauchen die Hilfe von Menschen wie dir, um auf ihre Probleme aufmerksam zu machen.

Du kannst viele Organisationen unterstützen, darunter *The Cheetah Conservation Fund, WWF, African Wildlife Foundation*, **und** *Cheetah Conservation Botswana*.

Über diese Organisationen hast du die Möglichkeit, einen Gepard zu adoptieren, Geld zu spenden und mehr über andere Möglichkeiten zu erfahren, wie du helfen kannst.

Hier sind einige Ideen, wie du helfen kannst:

- Anstelle von Geschenken zu deinem Geburtstag kannst du deine Freunde und Verwandten um Spenden für die Gepardenhilfsorganisation deiner Wahl bitten.
- Veranstalte einen Kuchenverkauf, um Geld zu sammeln.
- Sei ein Geparden-Botschafter! Teile Informationen über die Probleme von Geparden in deinen sozialen Medien oder sprich mit Freunden und Familie, um sie zu verbreiten.
- Verwende den Hashtag #SaveTheCheetah in den sozialen Medien.
- Adoptiere einen Gepard (natürlich virtuell!) über die genannten Organisationen.
- Erkundige dich bei deinem örtlichen Zoo, an welchen Projekten er beteiligt ist und wie du helfen kannst.

GEPARDEN-*Quiz*

Teste jetzt dein Wissen in unserem Geparden-Quiz! Die Antworten findest du auf der nächsten Seite.

1. Kannst du die vier Unterarten der Geparden benennen?

2. Auf welchen zwei Kontinenten leben Geparden in freier Wildbahn?

3. Kennst du den wissenschaftlichen Namen des Geparden?

4. Wie viele Geparden leben in freier Wildbahn?

5. Wie werden Geparden von der IUCN gelistet?

6. Wann wird der Internationale Gepardentag gefeiert?

7. Wie viele Flecken haben die meisten Geparden auf ihrem Fell?

8. Gepardengeschwister haben die gleichen Fleckenmuster. Richtig oder falsch?

9. Wie viele Zähne hat ein Gepard?

10. Wie nennt man die schwarzen Linien, die über das Gesicht eines Geparden laufen?

11. Wie nennt man eine Gruppe von männlichen Geparden?

12. Geparden sind Pflanzenfresser. Richtig oder falsch?

13. Welches Geräusch machen die Jungen, wenn sie verloren oder gestresst sind?

14. Welche Unterart des Geparden ist die Häufigste?

15. Wie viele asiatische Geparden gibt es in freier Wildbahn?

16. Welche Gepardenart hat den größten Kopf?

17. Wie lang ist die Schwangerschaft der Geparden?

18. Was ist ein Mantel?

19. Wann fangen die Welpen an zu laufen?

20. Geparden greifen oft Menschen an. Richtig oder falsch?

Antworten:

1. Südostafrikanischer, Asiatischer, Nordostafrikanischer und Nordwestafrikanischer.
2. Afrika und Asien.
3. Acinonyx jubatus.
4. Etwa 7.100.
5. Gefährdet.
6. 4. Dezember.
7. Etwa 2.000.
8. Falsch. Keine zwei Geparden sind gleich.
9. 30.
10. Tränenlinien.
11. Eine Koalition.
12. Falsch. Sie sind Fleischfresser.
13. Fiepen.
14. Südostafrikanischer Gepard.
15. 12.
16. Der nordostafrikanische Gepard.
17. 90-95 Tage.
18. Die Haarbüschel/Mohawk, die Gepardenjungen haben.
19. Nach zwei Wochen.
20. Falsch.

Geparden
WORTSUCHE

D	S	G	E	P	U	N	K	T	E	T	G
Ö	B	V	X	J	D	S	A	E	S	A	R
T	G	E	Y	Ü	U	T	Ä	E	F	S	E
E	Z	E	P	Ö	M	N	F	D	E	I	K
S	Ü	R	P	R	N	Ü	G	F	S	A	O
A	Ä	F	K	A	T	Z	E	E	A	T	A
G	E	F	Ä	H	R	D	E	T	S	I	L
G	U	Ö	Y	E	F	D	N	H	B	S	I
R	R	A	U	B	T	I	E	R	H	C	T
W	X	S	D	Ö	T	R	E	S	F	H	I
Z	S	Ä	U	G	E	T	I	E	R	D	O
Ä	G	D	S	A	H	T	D	Ä	Ö	R	N

Kannst du alle Wörter im Wortsuche Puzzle links finden?

GEPARD   SÄUGETIER   KOALITION

ASIATISCH   GEFÄHRDET   JUNGES

KATZE   GEPUNKTET   RAUBTIER

DAS ULTIMATIVE GEPARDENBUCH

Lösung

		G	E	P	U	N	K	T	E	T	
				J						A	
		G		U						S	
		E		N						I	K
			P				G			A	O
			K	A	T	Z	E	E		T	A
G	E	F	Ä	H	R	D	E	T	S	I	L
					D					S	I
	R	A	U	B	T	I	E	R		C	T
										H	I
	S	Ä	U	G	E	T	I	E	R		O
											N

Quellen

Southeast African cheetah - Wikipedia (2019). Available at: https://en.wikipedia.org/wiki/Southeast_African_cheetah (Accessed: 29 April 2022).

(2022) Education.nationalgeographic.org. Available at: https://education.nationalgeographic.org/resource/cheetahs-brink-extinction-again (Accessed: 27 May 2022).

Everything You Need to Know About Pet Cheetahs (2022). Available at: https://pethelpful.com/exotic-pets/about-pet-cheetahs (Accessed: 27 May 2022).

Northwest African cheetah - Wikipedia (2022). Available at: https://en.wikipedia.org/wiki/Northwest_African_cheetah (Accessed: 27 May 2022).

The Elvis of Cheetahs (2022). Available at: https://www.awf.org/blog/elvis-cheetahs (Accessed: 27 May 2022).

Carnivores, S. (2020) Claws - Animal Experiences At Wingham Wildlife Park In Kent, Animal Experiences At Wingham Wildlife Park In Kent. Available at: https://winghamwildlifepark.co.uk/claws (Accessed: 29 May 2022).

14 Cute Baby Cheetah Facts: Diet, Cub Sounds, Photos (2021). Available at: https://storyteller.travel/baby-cheetah/ (Accessed: 29 May 2022).

Cheetah (character) - Wikipedia (2022). Available at: https://en.wikipedia.org/wiki/Cheetah_(character) (Accessed: 29 May 2022).

International Cheetah Day - Cheetah Conservation Fund Canada (2022). Available at: https://cheetah.org/canada/events/international-cheetah-day-2/ (Accessed: 29 May 2022).

10 things you didn't know about cheetahs (2022). Available at: https://www.zsl.org/blogs/wild-about/10-things-you-didnt-know-about-cheetahs (Accessed: 29 May 2022).

CHEETAH CONSERVATION BOTSWANA (2022). Available at: https://www.cheetahconservationbotswana.org/ (Accessed: 1 June 2022).

Homepage • Cheetah Conservation Fund (2022). Available at: https://cheetah.org/ (Accessed: 1 June 2022).

DAS ULTIMATIVE GEPARDENBUCH

Wir hoffen du hast ein paar spannende Fakten über Geparden gelernt!

Welcher war dein Favorit? Wir würden das gerne von dir in einer Bewertung erfahren.

Besuche uns auf www.bellanovabooks.com für noch mehr großartige Bücher.

Auch von Jenny Kellett

...und mehr!

DAS ULTIMATIVE GEPARDENBUCH

www.ingramcontent.com/pod-product-compliance
Lightning Source LLC
LaVergne TN
LVHW050141080526
838202LV00062B/6543